AF250918

LA
GALERIE DES ANTIQUES

OU

LE GRAND FIASCO DE LA DROITE

REVUE DEPUIS LA CAPITULATION JUSQU'AU MANIFESTE CHAMBORD (27 OCTOBRE 1873)

PAR

JEAN-JACQUES DAUPHIN

. . . . O perruque ma mie,
N'as-tu donc tant vécu que pour cette infamie

Prix 60 centimes.

A Paris
CHEZ LES PRINCIPAUX LIBRAIRES

1876

TOUS DROITS RÉSERVÉS

LA
GALERIE DES ANTIQUES

« Hosanna ! Paris a capitulé, et avec Paris la France, et avec la France la République ! Paris vainqueur, c'était la France victorieuse et sauvée par le Quatre-Septembre, c'était l'infâme République poussant dans le pays ses funestes racines. Et alors adieu l'ordre moral, adieu la famille, adieu la religion. Ah ! la société l'a échappé belle aux mains de Gambetta. Mais loué soit Dieu ! nous voici tout de bon plantés au gouvernail, bien malin qui nous en arracherait. »

Ainsi se gaudissaient, dans leur for intérieur, les hommes qui, du Ciel, reçurent en dépôt l'ordre, la morale et la religion. Intense était leur joie. Les Tudesques se pavanaient sur une grande partie du territoire, les villes et les villages incendiés fumaient encore, les champs étaient dévastés, pétris sous les talons prussiens, le deuil assombrissait tous les vrais cœurs français. Mais de tous leurs soucis c'était là le cadet. Pour Dieu ! à qui tient en sa garde les éternels principes, tous les biens d'ici-bas sont choses bien légères, l'essentiel étant que ces principes règnent, ne fût-ce même que sur des ruines.

Il fallait donc faire la paix, la faire à tout prix, et là faire au plus vite, crainte que, par fortune, ces rouges endiablés ne trouvassent moyen de rallumer la guerre.

Auquel cas, voilà derechef la société chancelant sur ses bases. Certes, plus grand malheur ne saurait advenir, si l'odieuse chose qui a nom République finalement chassait de France les Prussiens. Et tous les gens de bien de se mettre en campagne, de cueillir par-ci par-là et d'expédier en poste à Bordeaux toutes les perruques disponibles qui, depuis trois quarts de siècle, moisissaient délaissées dans les gentilhommières. Là, une fois déballées sans avarie, on en vit la plus belle et riche collection qui se fût onques offerte au public en un seul et même lieu. C'était merveille à voir.

Perruques à part, les gens de bien venaient de remporter, un peu par surprise, à la vérité, un signalé triomphe. Car, sauf une section élue par la canaille, les sages de Bordeaux avaient pour les Prussiens les plus pacifiques intentions, et, par contre, les plus hostiles sentiments envers les ennemis du trône et de la sacristie. On le vit dès l'abord.

Parmi les membres siégeant à gauche se voyait un homme d'extérieur remarquable, un vieux guerrier, dont la vie entière s'était passée à batailler un peu partout dans les deux mondes. Bien qu'étranger, il avait été choisi par un grand nombre de citoyens, qui croyaient la patrie engagée envers lui par la reconnaissance. Et lui s'était rendu à son poste, non certes qu'il songeât à l'occuper d'office, mais, comme depuis il l'a déclaré, pour simplement faire acte de présence, et aussitôt prendre congé. Il savait bien ne point être en parfum de sainteté auprès du plus grand nombre, pas moins il s'imaginait, dans la simplesse de son âme, que seraient respectés en sa personne les votes de trois départements. Mais voyez combien, malgré ses cheveux blancs, il connaissait peu les hommes et surtout les hommes qu'il avait devant lui. A peine eut-il desserré les lèvres, qu'une bourrasque parlementaire, comme peu on en voit, éclata dans les rangs extra-vénérables de la droite. C'étaient des cris, des huées, des vociférations!... Non, jamais poitrines de vieillards ne menèrent pareil vacarme. Impossible au vieux guerrier de faire entendre une syllabe. Il s'enveloppa dans sa dignité et secoua sur le seuil la poussière de ses bottes.

Qu'avait donc fait cet homme pour être à ce point vilipendé? C'était un chef de brigands peut-être, qui avait promené partout le viol, la rapine et le meurtre? Eh! mon Dieu! non; son épée jamais ne quitta le fourreau que pour combattre le bon combat, revendiquer les droits des peuples et redresser les torts; à trancher le mot, c'était un vrai héros et tel que de longtemps il ne s'en était vu, c'était le *vrai* Bayard des temps modernes, c'était Garibaldi. Mêmement, naguère il accourut vieux et infirme aux cris de la France en détresse, et lui rendit de nobles et glorieux services. Mais enfin il fallait quelque chose, un méfait, une énormité, pour éclipser tant de mérites et de si grands. Que diantre! on ne commet pas une aussi criante injustice lorsqu'on est dépositaires patentés de la morale, défenseurs jurés de la religion. Hélas! force à moi de le dire, ce guerrier d'ailleurs si noble et si pur, a sur son caractère une tache infamante, il a commis le péché impardonnable, le péché qui met à néant tout haut fait, toute vertu, le péché qui vous consigne un homme, sans espoir de retour, aux éternelles flammes; il a… oui, il a toujours refusé, et plus que jamais refuse, de baiser l'orteil sacré du pape!!! De là ce grand courroux de la pieuse droite.

A peu de temps de là, un autre membre de la gauche, un Français celui-ci, tout aussi illustre, mais dans une carrière différente, le premier des poëtes de notre siècle enfin, subit la même indignité, et par le même motif. Son génie sublime, son patriotisme à toute épreuve, sa renommée immense ne purent trouver grâce devant nos parangons. Lui aussi quitta la salle sous les huées de la droite.

Tantæne animis cœlestibus iræ!
Tant de fiel entre-t-il dans l'âme des cagots!

Vint la grande question, la paix ou la guerre; la seule besogne, à vrai dire, pour laquelle les élus se trouvaient à Bordeaux. La France aspirait à la paix, cela ne fait point doute, mais encore cela dépendait-il des conditions du vainqueur ; ce ne pouvait être une paix à tout prix, et sans dire il allait que les délégués de la nation défendraient de leur mieux ses intérêts et son honneur.

Trois orateurs dans les rangs républicains se levèrent, trois hommes illustres entre tous par leur génie et un patriotisme rudement éprouvé. Ils parlèrent contre la paix, aux conditions, inacceptables selon eux, que voulait nous infliger l'ennemi. Il y allait d'une saignée de cinq milliards, sinon plus, et de l'amputation de deux de nos plus précieuses provinces. L'argent, passe encore ; si monstrueuse que fût la somme, libre à chacun de disposer de sa bourse. Mais, par tout ce qu'il y a de sacré, on n'est point maître des âmes, on n'en trafique point comme on fait d'un bétail. C'est là que résidaient le déshonneur, le crime de lèse-humanité, et, en fait, la vraie cause de notre faiblesse future. Quoi ! livrer à la Prusse deux de nos provinces et des plus françaises ! dire à ces populations si intelligentes et si braves : Dès ce jour plus de patrie pour vous, plus d'histoire ; vous divorcez d'avec un passé glorieux, et, de par la force brutale, vous devenez Prussiens !... Quoi ! nous céderions nos frontières naturelles, et donnerions la clef de la maison au voisin, qui désormais pourrait y pénétrer toutes fois et quantes lui en viendrait l'envie ! Mieux ne vaut-il pas continuer la guerre à outrance, et finir de lasser l'ennemi qui a fait assez de pertes pour déjà désirer la paix. Nation ne périt point qui ne veut point périr. La France sortira de la lutte, affaiblie, mais entière et maîtresse de l'avenir.

Voilà ce que, en substance, dirent Victor Hugo, Edgar Quinet, Louis Blanc. Pour ma part, je croyais bon leur avis et conforme à l'intérêt et à l'honneur de la France. Matériellement, il était possible de poursuivre la guerre et de la mener à bonne issue. Ainsi opinaient trois hommes du métier, dont deux généraux en chef, qui devaient en savoir quelque chose, ayant pris part, et non sans gloire, aux opérations de la campagne. Mais quoi! parler de droit, de justice, d'humanité, d'honneur, de patrie, à des hommes venus avec la résolution fixe de faire la paix, dût-elle coûter tant et plus! Autant en emportait la brise.

La paix fut votée telle quelle, 125 voix seulement, 125 voix républicaines protestant contre cette paix humiliante et ruineuse.

Notez bien, s'il vous plait, que cette paix maudite fatalement traînait la révolte à sa suite.

Soit dit en toute justice, d'aucuns parmi les partisans de la paix crurent agir pour le bien de la France. On le vit bien ensuite. Mais cela nullement ne regarde ceux qui veulent à tout prix faire ramer la France à la galère du despotisme.

Certes, lorsque Bismarck vit qu'on lui votait si lestement cinq milliards et deux provinces, il dut se mordre un peu les pouces de la modération de ses demandes. Huit ou dix milliards, par exemple, et la Franche-Comté, outre l'Alsace-Lorraine, auraient mieux fait son affaire. Napoléon regrettait comme la plus grande faute de son règne de ne pas avoir effacé la Prusse après Auerstadt et Iéna. Qui sait si Bismarck aujourd'hui ne se gourmande pas à l'endroit de la France? De vrai, le payement de huit ou dix milliards, et la perte de trois provinces auraient, sinon anéanti, du moins invalidé la France pour plus d'un demi-siècle, où la Prusse pouvait haut la main germaniser l'Europe, et y faire à plaisir la pluie et le beau temps.

La paix bâclée, le document signé, parafé, scellé, le mandat des représentants était accompli, leur mission parachevée, n'ayant été délégués que pour traiter de la paix, rien de plus, rien de moins. Donc, en tout bien tout honneur, il ne leur restait plus qu'à dessiner une aussi gracieuse révérence que permettait le cas, et laisser tomber sur eux le rideau. C'était ce que, des quatre coins de la République, on leur criait. Mais eux de faire la sourde oreille, et de bouger non plus que des termes. Ou si, les sommations redoublant, ils condescendaient à répondre, c'était pour dire qu'autrement ils entendaient la chose, que n'était parfaite la paix tant que n'était payé le dernier centime, et que restait sur le territoire le plus petit soldat prussien. M'est avis que se trouvant là commodément ancrés, ils n'avaient garde d'en démarrer, sachant que leur dire de s'en aller, c'était leur dire de ne revenir plus jamais. Il y avait dans cette vénérable cohorte des vieillards, et pas mal, qui, toute leur longue, longue vie, avaient eu grand soif du pouvoir, et à cette heure que par miracle presque, la fortune leur mettait la coupe à la main, on venait les sommer de la passer à d'autres ! En vérité, c'était les croire trop bonshommes.

Restait d'ailleurs une tâche bien autrement importante que la paix ou la libération du sol. Grande mission et divine s'il en est ! La chance advenait, la dernière peut-être, de remettre la France en la voie du salut, que depuis l'an maudit elle n'a qu'une fois reprise, pour bientôt retomber dans les griffes du diable. N'est-ce pas pour ménager cette belle occasion, que Dieu a permis aux Prussiens d'infliger à la France d'aussi complets désastres, comme en 1815 les Alliés vainqueurs remirent au pouvoir la race légitime. Heureux malheurs, qui nous vont assurer, pour de bon cette fois, le salut de la France en ce monde et dans l'autre. On a, en 1815, omis un détail de la recette, omission funeste, qui fit avorter la cure finale ; on oublia d'insérer la France dans le sacré-cœur à la façon de Marie Alacoque. De là hélas ! le deuxième écroulement du trône sacro-saint, et cette longue chaîne de désordres et de calamités. Cette fois, crainte d'oubli, c'est par d'abord cela que nous procèderons à la sainte besogne. L'opération pourra peut-être bien offrir quelque difficulté, la France étant encore, malgré l'amputation, de grosseur raisonnable. Mais, avec des efforts, et Alacoque aidant, nous en viendrons à bout. Des tours plus prodigieux se sont vus par le monde. Vive Dieu ! une fois bien nichée dans le divin viscère, ainsi que dans une forteresse, la France pourra, en sûreté parfaite, narguer le malin, narguer l'Allemagne, narguer tous ses ennemis, spirituels ou temporels.

Ainsi pensaient et disaient, dans leur jubilation, la fine crème des honnêtes gens, les amés et féaux de Dieudonné Henri, roi de France et de Navarre, fils aîné de l'Église, et premier soldat du pape.

Cependant, il y avait plus bas, confinant à la droite, des monarchistes qui un peu autrement entendaient le salut de la France. Ceux-ci planent dans des régions moins élevées, quelque part entre la terre et le ciel, cherchant le juste milieu, que nul encore n'a pu découvrir. J'ai nommé les orléanistes. Leur coryphée en chef, personnage peu connu, d'une main portait le chaudron constitutionnel où se mitonnent les lois, et se tripote le budget, et de l'autre tenait le balancier qui maintient l'équilibre sur la corde politique. Ce jeune homme alors encore, se drapait dans les plis tricolores, que bientôt il devait mettre en loques et fouler à ses pieds.

> « Soldat du drapeau tricolore !
> D'Orléans, toi qui l'as porté..... »

Enfin, plus bas encore, un troisième groupe se voyait, moins nombreux de beaucoup que l'un ou l'autre, mais suppléant à la force numérique par un triple front d'airain. Besoin n'est pas de nommer les bonapartistes, non plus que de vous redire leur programme, que vous avez vu à l'œuvre il n'y a pas si longtemps. Leur gouvernement, estimé par ce qu'il nous coûte, vaut beaucoup plus que son pesant d'or, si lourd qu'il fût. Leur vieux chef éreinté, alors en train de mourir à Chislehurst, n'aurait désiré rien tant que de rentrer en France, d'où il avait déguerpi sans pouvoir encore fourrer du foin dans ses bottes.

Nous voilà donc avec trois prétendants bien comptés. Jour de Dieu ! la France est un pays favorisé du Ciel. Il est des nations qui en sont à mendier des princes à leurs voisines pour remplir leur trône vacant. L'Angleterre plus d'une fois s'est vue réduite à cette nécessité ; la Pologne, la Grèce, la Suède, l'Espagne, le Brésil et d'autres ont été dans cette passe humiliante. Mais la France, béni soit Dieu ! si elle avait à se plaindre, ce ne serait que de l'embarras des richesses. Trois prétendants pour un ! sans compter le quatrième, qui garde encore le masque.

Néanmoins, pas mince est l'embarras, le trône n'étant construit que pour un seul. Et même fût-il large assez pour le trio princier, le moyen, s'il vous plaît, qu'ils accordent leurs flûtes ? Chien et chat se sont vus faire assez bon ménage, malgré l'antipathie naturelle aux deux races. Mais deux princes sur le même trône sans se chamailler, voire sans se pignocher un tantinet, c'est là une merveille que le monde n'a vu et ne verra jamais. Et trois donc, dieux immortels ! ce serait la cour du roi Pétaud à la troisième puissance ! Non, il faut se garer de cette pétaudière, et se mettre à la cherche d'un expédient moins cornu.

En attendant que du Ciel tombât l'inspiration ou que les événements fournissent la clef du problème, il y avait une chose d'importance que ne perdaient de vue les Salomons français. Car la pluralité des prétendants n'était peut-être pas, selon eux, le plus épineux de l'aventure. Une fois bien d'accord sur un porte-couronne, quoi de plus facile que de voter l'étranglement de la République. Ils se voyaient si drus et la gauche si faible ! Mais hors de la Chambre, l'entreprise pourrait bien ne pas aller aussi coulamment qu'à l'intérieur. Non pas que l'on craignît beaucoup de la province, la croyant assez bonne fille pour se laisser faire. Mais Paris, autre paire de manches ; la noble cité n'est point de celles que l'on puisse violer sans qu'elle joue un peu de la griffe et du bec. Avec ça qu'elle était nantie d'un armement respectable ; canons, mousquets, munitions et les accessoires. Les chenus de la droite en avaient la venette, et leurs quatre cheveux se dressaient sur leur tête, seulement d'y songer. Il fallait, à tout risque, secouer ce cauchemar, écraser cette bête noire.

La paix bouclée, plus de raison pour rester à Bordeaux. Mais où emménager? A Paris? Mort-diable! autant se jeter tout de go dans la gueule du lion... C'est cela, nous siégerons à Versailles, et dès ce moment Paris n'est plus la tête de la France. Châtiment mérité de ses nombreux méfaits. Paris coupable de 89, coupable des Trois-Journées, coupable de 1848, et des batailles de juin et du 4 février. Cité trois fois maudite! N'était Paris, la France aurait été la plus soumise et tranquille nation, l'Arcadie de l'Europe.

Et chaque jour, les orateurs bien-disants crachaient leur sainte bile et lançaient l'anathème à la ville odieuse. cloaque de toute impureté, volcan de désordre et de rébellion. A côté d'elle Sodome et Gomorrhe étaient quasi vierges, et en vérité merveille c'était que le feu céleste ne l'eût encore dévorée. Mais cela pouvait venir.

Ces aménités et d'autres encore, Paris pouvait s'en égayer. Mais une chose moins gaie, c'était la dégradation de l'héroïque cité, c'était le refus d'un gouvernement municipal, c'était surtout le dessein non déguisé de démolir la République, et de rebâtir sur ses ruines la monarchie divine. Aux paroles répondaient les actes. Peu à peu, résolûment, on sapait la base de la structure, on pratiquait par-ci par-là une brèche, à l'effet que, une fois tout disposé, on n'eût qu'à donner une secousse, et quelque beau matin la France s'éveillait en pleine monarchie. Pour ce, on soumettait les fonctionnaires à des coupes réglées, et, pour remplir leurs placés, la haine de la République était de tous les titres le meilleur. Ces messieurs appelaient cela une République sans républicains, comme on dirait une omelette sans œufs ou une matelotte sans poisson. Les quasi-centenaires de la pieuse droite peuvent à l'occasion être facétieux.

Et la presse, malepeste! quel carnage de journaux! de journaux républicains s'entend, car les autres avaient, comme de raison, carte blanche pour traîner dans la boue la pauvre République. Carnage est ma foi! le mot, la moitié de la France étant en état de siége, et les généraux pouvant, de par ce fait, sabrer à volonté sans même crier gare.

Le curieux de la chose, est que la gent droitière tenait pour assuré que tout cet arbitraire serait acquis au bilan de la République, et lui nuirait d'autant. « Vous nous la baillez belle, vous autres radicaux, avec votre République mirobolante. Mais nous aurions, sous un souverain, plus de liberté, et par-dessus, l'ordre moral. Disparaissez de la scène avec vos drogues, vendeurs d'orviétan, et laissez le champ libre à qui vaut mieux que vous. » Voilà ce que, dans l'idée de la droite, ne pouvait manquer de dire le peuple. Et c'est ce qu'il aurait dit en effet, s'il était aussi bête que le croient ces messieurs, et si, pour lui faire prendre un sac de charbon pour un sac de farine, une étiquette suffisait.

Pendant que se faisaient ces choses, Paris attentif se disait, frémissant de colère : « Est-ce donc pour en revenir là que la France a subi tant de cruels désastres, tant de souffrances et d'humiliations ? Ses infortunes, comme souvent déjà, ne profiteraient-elles qu'à une famille, qui, après s'être gorgée de sa substance, la jetterait à nouveau palpitante dans une guerre civile ou étrangère ? Serait-elle vouée à tourner à jamais dans ce cercle infernal ?

Notez de plus que l'on avait infligé à la capitale le plus antipathique des gouverneurs. Des mains de Trochu, qui avait foi en sainte Geneviève, et ne croyait pas aux Parisiens, Paris était tombé sous la férule d'un jésuite à gros grains, Aurelles de Paladines.

Le coursier du progrès, Paris, rongeait son frein, un fait grave lui mit soudain le mors aux dents.

La garde nationale avait des canons, et des canons superbes, tout brillants neufs, excellents, supérieurs même, disait-on, aux fameuses pièces de Krupp. Ces engins-là trottaient par la tête des ennemis de la République, et leur donnaient la chair de poule. Il y avait de quoi. Paris sans canons, avait culbuté le trône du droit divin, le trône des sacs d'écus, le trône du coup d'Etat, que ne pourrait-il avec ces formidables pièces de sept qui portent si loin et si juste? Prenons-lui ses canons.

Mais autre chose était de les demander, et autre chose de les avoir. La garde nationale, jugeant qu'après les canons, viendraient les mousquets, assez mal accueillit ceux qui venaient les prendre. Il y eut conflit, et ce conflit engendra une révolte générale, laquelle engendra la Commune, dont l'histoire est écrite, d'une part et de l'autre, en lettres de sang et de feu.

Tout pesé, Paris eut tort, non certes envers Versailles, mais bien envers la France; qu'il exposait ainsi à de nouveaux désastres, à de nouvelles rigueurs de l'ennemi. A parler franc, l'entreprise était insensée, insensée par cela que la réussite était impossible. Car, supposé Paris l'emportant sur Versailles, les Prussiens étaient là prêts à intervenir. Paris était donc coupable. Mais combien plus le parti clérical et ses auxiliaires! Voyez que de provocations, et jugez entre la grande ville et ses antagonistes.

Paris, outre cela, venait de parcourir une phase harassante, un siége de cinq mois, où il avait pâti de la faim et du froid, de privations physiques de toutes les façons, de souffrances morales plus cruelles encore, et tout en pure perte, pour aboutir à une capitulation lamentable, qu'on lui eût épargnée, si Trochu et Ducrot avaient mis à profit sa bravoure, son ardeur et son intelligence. Toutes choses combinées, qui avaient surmené Paris, et lui avaient fait perdre sa balance morale.

Les hommes au pouvoir ont-ils fait de leur mieux pour prévenir cela? Il m'est avis que non. La fatalité de la République n'était pas encore apparue à celui qui depuis l'a si bien soutenue.

De là guerre étrangère la France tombait donc dans la guerre civile. Par Dieu! pour survivre aux fléaux la frappant coup sur coup, l'Empire, les Prussiens, la Droite et la Commune, il lui faut une trempe à nulle autre seconde:

Durant le cours du conflit fratricide, des tentatives d'accommodement se produisirent, la province essayant de se poser entre Paris et Versailles, et proposant des concessions de l'une et de l'autre part. Mais Versailles se boucha les deux oreilles ; il lui fallait l'écrasement de Paris, et rien de moins. On sait s'il eut raison de se frotter les mains.

Paris gisant vaincu, quelle belle occasion de se venger sur lui de tant d'échecs du trône et de la sacristie ! On n'y alla pas de main gourde. Ces massacres en masse dans les rues, ces coups de filet enveloppant coupables et innocents pour les jeter pêle-mêle sur les pontons, après tant d'indignités et d'avanies, ces conseils de guerre fonctionnant « à l'ombre des lois et sous les couleurs de la justice, » ces incessantes fusillades de Satory, qui soulevaient l'indignation et le dégoût de l'Europe, sont là pour dire quel esprit de vengeance poussait la réaction de toutes les nuances. Au reste, rien est-il aussi féroce que la peur ? Et Paris fut toujours l'épouvantail, le loup-garou des chenus de la droite. Rendons-leur pourtant cette justice qu'ils instituèrent une commission dite des grâces, laquelle s'attachait à mériter son appellation comme les Euménides méritaient la leur.

Quand elle vit bien sa bête noire se tordant sous son talon, la droite à cette fois se crut au paradis ; elle pouvait dès lors galoper son dada sur les fosses des Parisiens. L'œuvre de purgation enrayée par la peur, marcha mieux que jamais. Et, tout en promenant le scalpel parmi les fonctionnaires civils, bien garde on eut de négliger l'armée, qui elle aussi causait certaines inquiétudes.

Aux jours de Gambetta, les besoins du service causèrent nombre de promotions qui toutes n'avaient pas bonne odeur pour le nez clérical. Une commission fut nommée, dont la besogne était de purifier les cadres. Elle ne s'y épargna point. Malheur à tel officier sur qui planait un soupçon d'hérésie politique ; se fût-il signalé tant et plus par sa bravoure et sa capacité, on vous le dégradait du cœur le plus léger ; général, il retombait commandant ; colonel, il dégringolait capitaine, et le reste à l'avenant. C'était un grand dégel parmi les gambettistes.

Tout cela sans préjudice des exécutions de Satory. On fusillait, fusillait, fusillait.

Tant y a, que taillant dans le militaire et le civil à la fois, les monarchistes espéraient atteindre bientôt leur sublime idéal, une république sans républicains, une ombre, qu'à un moment donné, un souffle emporterait, comme le vent une vapeur légère.

Mais encore la pauvrette, toute ombre qu'elle était, fallait-il quelque chose à lui substituer. Laisser un grand pays s'agiter dans le vide, il n'y fallait songer. L'embarras des richesses, malheureusement, était toujours là offrant son éternel problème. Jusqu'alors, il est vrai, les conspirateurs ne s'en étaient pas occupés avec suite, leur frayeur de la Commune leur laissant peu de liberté d'esprit. Mais à présent que la peur ne les galopait plus, tout de bon ils songèrent à trouver la clef de cette énigme. « Cherchez et vous trouverez, » dit la sagesse évangélique. On chercha donc, et un beau jour l'idée longtemps couvée émergea de son œuf aux yeux ébahis des peuples. La droite avait mis au monde la Fusion, géniture trop merveilleuse pour que Marie Alacoque n'eût pas un peu aidé à son enfantement.

Entendons-nous pas moins ; ce n'était pas encore la chose, ce n'était que le moyen, la recette, si vous voulez. Que si maintenant vous me demandez en quoi elle consiste, je puis, sans être dans le secret des dieux, vous dire à peu près ce qui en est.

Vous prenez deux dynasties, les deux moins hétérogènes, la branche aînée et la cadette, Bourbon et d'Orléans, Chambord et Paris ; délicatement vous les glissez dans un chaudron *ad hoc* ; et là, par la vertu d'ingrédients nombreux, avec force combinaisons chimiques et manipulations, un amalgame se fait qui de deux prétendants n'en présente plus qu'un. Vous laissez mijoter un peu, et servez tout chaud à la France le Roy à cheval sur Syllabus, couvert d'un scapulaire en guise de cuirasse, et brandissant, d'un air demi-guerrier et demi-monacal, un goupillon énorme, qui, besoin échéant, peut servir de massue ; le tout ombragé d'une bannière blanche, portant un cœur béant où s'entrevoit la figure béate de Marie Alacoque. Pour compléter le tableau, la France, ravie en extase, tombe prosternée devant cette apparition mirifique.

A miracle, mais les Bonapartes?

Oh! les Bonapartes! avec notre produit nous n'avons plus qu'en faire, et poliment les envoyons lanlaire.

Incontinent, les alchimistes politico-religieux, manches retroussées, se mirent en besogne, et d'arrache-pied travaillèrent au miraculeux alliage.

Moins facile pourtant était l'opération qu'elle n'avait paru, et la cuisine n'allait pas pour le mieux dans la meilleure des marmites à fusion. On crut plus d'une fois avoir trouvé l'affaire, voire même le succès fut proclamé au son de la trompe céleste, et, au moment d'exhiber le produit, une paille quelque part se déclarait, l'alliage se désalliait, et l'on trouvait au fond deux prétendants pour un :

« *Tantæ molis erat Francorum condere regem!* »
« Tant de peine c'était de cuire un roi des Francs! »

Mais les nobles gâte-sauce ne se décourageaient point et procédaient à de nouveaux essais culinaires.

Ce qui nullement n'empêchait les fusillades d'aller toujours grand train ; au contraire, je crois, on se vengeait un peu sur les communards des déceptions de la marmite. Jamais on n'a tant fusillé. Et si dame Vengeance n'en eut satisfaction, c'est qu'il en faudrait tant pour étancher sa soif! L'Europe horripilée protestait vivement et leur criait : « Arrêtez pour Dieu! mais arrêtez donc! Quelle rage vous pousse à frapper de la sorte un ennemi à terre! Vous souillez la victoire et semez à foison d'affreuses représailles. » Rien n'y faisait. Autant parler à des souches que d'en remontrer à des gens qui agissent de par le droit divin, et partant n'ont de compte à rendre à personne ici-bas. Principe rassurant pour les administrés !

En vérité, cette Chambre, la majorité s'entend, semblait ne douter de rien ; les plus monstrueuses assertions pour elle ne faisaient pas un pli. Portée au faîte par un coup de vent de malheur, alors que les électeurs, sous la pression du moment, votèrent pour des candidats qu'ils ne connaissaient d'Adam ni d'Ève, cette assemblée, qui, en tout état de cause, avait pour mission unique de faire la paix, eh bien ! elle n'hésitait point à se proclamer souveraine, et mieux encore, souveraine à perpétuité ! « Au lieu d'être vos mandataires, ainsi que vous le chantent certains mal embouchés, nous sommes vos maîtres, corbleu ! et vos maîtres nous resterons aussi longtemps qu'il nous fera plaisir ; nous vous octroierons telle constitution qui nous paraîtra convenable, ou bien nous ne vous en octroierons point du tout ; et, quant à nous retirer, c'est nous, sachez-le, bonnes gens, et nous seuls qui sommes compétents en la matière. » A la bonne heure ! messieurs les infaillibles, c'est là parler en maîtres. Si chez vous le bon sens est à petites doses, la logique en ce cas ne vous fait point défaut.

Ce n'était certes pas sans avoir des signes non douteux de la volonté nationale, que les vénérables se cramponnaient à leurs siéges et voulaient nous coller sur l'échine le bât de la monarchie. Dès longtemps il n'y avait plus à s'y tromper ; les élections des conseils généraux, les élections municipales, les élections de représentants leur disaient coup sur coup et assez haut que la France était républicaine, et en aucune façon ne voulait d'une dynastie avec ou sans mélange. Baste ! il se burlaient de nous et passaient leur chemin.

Regardez-moi un peu ce cocher en révolte, et voulant mordicus conduire son homme où il n'a que faire. L'homme se récrie, il le menace du fouet, et pour un peu lui cinglerait la face. Il est toqué pour sûr, ou a trop bu d'un coup.

Cependant un homme se trouvait qui, pour petit qu'il fût, mettait martel en tête aux antiques. Cet homme volontiers on l'aurait flanqué par-dessus bord, mais le malheur était que l'on ne pouvait se passer de lui, et que, sans ce pilote émérite, la barque se fût brisée sur les récifs qui hérissaient la route. Ce pilote n'était autre que M. Thiers, un vieillard non commun qui, à l'âge où généralement l'on est mis au rebut, conservait toute sa lucidité d'esprit et une vigueur qui défiait les plus harassants labeurs. On l'aurait dit trempé dans les eaux de Jouvence.

Les monarchiens l'élevèrent à ce poste, le croyant l'homme le plus à la main pour les mener au port. Dans sa longue carrière, en effet, la monarchie parlementaire fut toujours son idéal, et la République une chose à ses yeux impraticable en France. Mais les malheurs nationaux éclairèrent ce grand esprit, il sut y lire l'heure dernière du trône et l'avénement de la République, avénement qui ne se pouvait entraver sans désastre pour la patrie. Sa clairvoyance lui montrait cela, son affection pour la France le faisait agir à l'avenant. Pour son âge avancé, bien grand est le mérite.

Non qu'il se fût jeté à corps perdu dans les bras des républicains ; trop délicate, trop précaire même était sa position pour une démarche aussi tranchée. Non ; il se contentait de maintenir un certain équilibre entre les extrémités du corps législatif, et ce, par un système de bascule où il était passé maître, ayant pris son degré d'équilibriste en chef sous le roi citoyen. En quoi le ventre lui était d'une utilité grande, cette honorable partie du corps inclinant d'habitude, comme un chacun le sait, du côté où fume le dîner. Homme jamais si bien ne maintint la balance, ne montra plus de tact et de subtilité.

Ce n'est pas que, pour mon fait, en thèse générale, ce jeu soit de mon goût ; non ma foi ! mieux me va d'incliner franchement d'un côté, à gauche s'entend, et la suspension entre le zist et le zest, dite juste-milieu, répugne à ma nature. Mais cet état baroque, Thiers ne l'avait pas fait ; tel il l'avait trouvé, et tel l'intérêt du pays exigeait qu'il le maintînt, puisque la gent droitière s'obstinait à rester.

Sans dire il va que M. Thiers, ce faisant, plaisait peu à la gauche, et moins encore à la droite, qui se voyant en force, se donnait au diable qu'on voulût la brider. Aussi se cabrait-elle de fois à autre, et le cocher alors de lui lâcher les rênes, crainte que tout de bon elle ne prît le mors entre ses dents, et ne jetât le véhicule dans l'abîme bordant ce côté de la route. Cela explique en partie l'excessif et obstiné châtiment de la Commune, les hécatombes de fonctionnaires et officiers républicains, les misères petites et grandes dont était victime la presse libérale, toutes choses qu'il serait injuste, je crois, d'inscrire au bilan de M. Thiers. C'était la menue proie jetée au tigre blanc pour sauver le troupeau.

Cependant il était un point où le cocher ne rendait pas la main, point capital, où brille la bonne foi du grand patriote. Les élections se faisaient sans que le gouvernement les droguât à son profit. Jamais en France le suffrage n'eut les coudées si franches. Point capital, encore un coup, par cela seul, que, cette non-intervention persistant, le salut de la République, et partant de la France, était chose assurée.

De là le courroux des monarchiens à l'encontre du Président, qui, à leur dire, aurait dû peser de tout son poids sur les élections, et les faire verser à droite. Leur exaspération toujours croissante finit par éclater. A tout prix il fallait l'intimider et lui forcer la main. A ce propos, une expédition dite des bonnets à poil, fut organisée, où chargeraient à fond les vaillants de la droite.

Voilà donc un beau jour l'intrépide cohorte partant en guerre contre le Président. A sa tête, est l'illustrissime Changarnier, un peu bien vieux et avarié, mais récrépi, badigeonné à neuf 'occasion, et monté sur ses jambes d'il y a c' ans. es compagnons d'armes, Audriffet-Pasqu int-Marc irardin, de Broglie et *tutti quanti,* que plus jeune ne le suivent que de loin, tant son ardeur est grande. Les héros à poil montent comme à l'assaut, l'œil en feu, menaçants et terribles. Que va devenir ce pauvre Président, lui seul et si petit, eux si nombreux et si forts?

> Que vouliez-vous qu'il fît contre tant?
> (Hélas!) Qu'il mourût,
> Ou qu'un beau désespoir alors le secourût.

La porte s'ouvre et se referme sur les assaillants.

Ce qui se passa dans ce conflit, qui dura deux heures, je ne saurais au juste vous le dire. Le fait est que les bonnets à poil, si crânes en montant, descendent à l'instar de dogues étrillés qui s'en vont, oreilles basses et queue entre les jambes, cacher leur honte en quelque endroit obscur. Le petit épicier avait défait, battu, rossé par-dessous jambe les vaillants de la droite.

Ce fut un peu après cette journée fameuse que l'Europe jouit d'un spectacle à la fois émouvant et curieux. Les bonapartistes jusqu'alors, tout en combattant parmi la droite, quand il fallait frapper l'ennemi commun, n'en étaient pas moins conspués par leurs compagnons d'armes. Mais le sentiment qui avait dicté le vote de déchéance, allait diminuant d'intensité, et il devenait manifeste qu'un rapprochement finirait par se faire. Les légitimistes, bonnes âmes! furent les premiers à donner l'exemple de l'oubli des injures. Scène attendrissante au premier chef, quand on vit les fils des émigrés donnant le baiser de paix aux souteneurs du Bas-Empire, l'*Univers* et la *Gazette de France*, d'une part, joutant d'aménité avec le *Pays* et le *Gaulois*, de l'autre. Pensez donc! Veuillot et Cassagnac se renvoyant à pleine plume l'éloge et le bon vouloir, le Droit divin faisant des mamours au Coup d'État, et la sainte Ampoule à saint Napoléon.

> Cette bande s'embrasse et se livre à des joies.
> Bon ménage touchant des vautours et des oies!

Plus n'y manquait que ce bon Juste-milieu. Mais déjà se manifestaient les signes précurseurs de sa jonction; d'ores et déjà on voyait au lointain poindre l'aube d'une réconciliation qui devait compléter cette émouvante idylle.

Au milieu de ces occupations plus ou moins agréables, les conservateurs, j'ai failli dire les antiquaires, n'avaient pas négligé un point capital, à savoir, de prouver par des faits matériels, qu'au paradis on est monarchiste en diable, et que la république y est en odeur de perversité. Fut-il jamais question d'un saint républicain ?

Pour ce, que fallait-il ? Eh ! mon Dieu ! quelques beaux miracles solidement confectionnés, et d'un teint sans reproche. On s'adressa donc aux prêtres, qui, par droit de métier, furent chargés de cette partie du programme, et, comme toujours, s'en acquittèrent à souhait, en veux-tu en voilà. Les anciennes fabriques, Paray-le-Monial, Lourdes, la Salette, Boulogne, et autres lieux, ne suffisant pas, on en établit de nouvelles et en nombre; et l'on se mit à fabriquer sur une grandissime échelle, voire un peu trop, je crois, la quantité de miracles excédant celle des malades qui se présentaient. Ce qui est au rebours du principe mercantile, que la fabrication se règle sur la demande. Mais ce n'est qu'un détail. D'ailleurs, le surplus on en disposait pour guérir *gratis atque pro Deo* ceux qui se portaient bien. Si ces derniers ne rapportaient rien en droiture, au moins servaient-ils de réclame.

Or ça ! les autres payaient donc, tout comme à la boutique ?

Payer ! quel blasphème !... Non, seulement les dons n'étaient pas repoussés, et, comme ils étaient nombreux, riches même parfois, l'escarcelle sacrée prenait une rondeur fort agréable à l'œil.

Je dois rendre à la fabrique de Paray cette justice, que de beaucoup la plupart des miracles, et les plus beaux, portaient sa marque. La directrice de l'établissement, vous savez, est Marie Alacoque, patronne de la branche aînée, et sous peu de la France. A bon entendeur, salut !

Au surplus, les miracles, ailleurs comme à Paray, quasi-tous se faisaient au profit de Chambord. Et cela va de soi, le droit divin prime de haut dans la politique céleste. saint Napoléon est un saint assez peu authentique, et, pour Juste-milieu, il n'a pris, que je sache, le plus mince degré de béatitude ou de sainteté. Cependant celui-ci, loin d'en être vexé, riait en fin matois à l'idée qu'en dernier ressort ces beaux et bons miracles tourneraient au profit de la branche cadette, et que Raton Chambord tirait du feu les marrons pour Bertrand Paris.

Les seuls à se plaindre des thaumaturges étaient les médecins, dont la clientèle s'éclaircissait d'autant, et qui se voyaient menacés de la portion congrue. Ils s'en vengeaient en disant que, si les estropiés de corps allaient diminuant, les estropiés de cervelle, en revanche, allaient augmentant dans des proportions alarmantes. « La nation n'a rien à gagner à cela, disaient ces messieurs, car, à quoi bon vider les hôpitaux, si c'est pour envoyer la France à Charenton? » Ils allèrent jusqu'à nier les miracles. Disaient-ils vrai? ou bien était-ce simplement jalousie de métier? A plus hardi que moi je laisse la réponse.

Besoin est-il de vous dire que dans cette orgie de miracles, les pieux droitiers étaient ravis au septième ciel, et déjà psalmodiaient le triomphe du fils aîné de l'Église.

Un seul détail, un seul, était en désaccord dans le concert sacré; la Fusion, malgré les secrets de la chimie, aidés de prières, d'incantations et de formules cabalistiques, se faisait encore tirer l'oreille. Mais, en fin de compte, le succès devait couronner l'œuvre, autrement, à quoi bon, s'il vous plaît, ces prodiges célestes? Palsambleu! où trouver la logique, si ce n'était au ciel?

Si intéressant que fût le spectacle de la porte, non moins l'était celui du sanctuaire.

Notre grand patriote jugeant qu'il était temps de trancher l'équivoque, avait, dans un message, mis à nu pleinement son intime pensée; il avait déclaré, sans ambages, que les Français, en grande majorité, étaient républicains, et que partant la République était le seul gouvernement convenable à la France. En un mot comme en dix, M. Thiers avait carrément affirmé la République.

Le plancher de la salle se fût abîmé sous eux, que les droitiers n'auraient pas été plus renversés. Mais l'indignation bientôt se mit de la partie, et ce fut un haro général sur l'audacieux petit homme. Traître et félon était M. Thiers, qui manquait à un engagement sacré et violait sa parole en violant le pacte de Bordeaux. Ils feignaient de ne se point douter, ces dignes cléricaux, qu'eux-mêmes les premiers avaient rompu ce pacte, et qu'en réalité, autre chose ils ne faisaient depuis l'écrasement de la Commune. En tout état de cause, que veut dire, je vous prie, un pacte qui se trouve au rebours de la volonté nationale, mainte et mainte fois manifestée par le scrutin et des millions de signatures? N'a-t-il pas un peu l'air d'une conspiration?

Ce fut à ce propos que M. Batbie fut choisi par la droite rageuse pour rabrouer M. Thiers, et lui appliquer un camouflet qui le ramenât à la raison; autrement dire, il fut chargé de répondre au message. Or, ce monsieur Batbie, en sa qualité de renégat, avait à la confiance des réactionnaires le meilleur des titres. Parlez-moi d'un transfuge pour noircir le parti d'où il a déserté, et flagorner celui qui l'a pris dans ses rangs. Ne faut-il pas du zèle, et beaucoup, à la fois pour blanchir son péché de jadis, et éloigner de soi tout soupçon d'espionnage? Batbie s'en acquitta au grand contentement de ses nouveaux amis.

Son discours est une déclamation virulente à l'encontre de la démocratie, où il ne voit qu'irréligion, désordre, bouleversement, pétrole et carnage. Du bon il n'y en a mie, et ne saurait y en avoir. Les démocrates, tous gens à pendre, si justice leur était faite; ce qui serait une assez grosse affaire, aujourd'hui que c'est la majorité des

Français. Mais Batbie pour si peu ne serait empêché. M. Thiers affirme la République, par la raison que la France est républicaine ; M. Batbie, lui, dans sa haute sagesse, ne voit dans ce fait qu'un motif de plus pour rétablir la monarchie. Elle répugne fort à la France, n'importe, on la lui fera avaler à la pointe du sabre. Et M. Batbie de crier aux armes, et de sonner le boute-en-selle. Sus aux démocrates ! Vite des dragonnades politiques, une Saint-Barthélemy de républicains, une terreur blanche, devant laquelle pâlisse la terreur rouge de 93 !

Toutes ces jolies choses, et bien d'autres encore, sont logées dans le régime à mitraille que préconise l'honorable député. Ce régime a du moins un mérite non petit, celui de la simplicité. Une assemblée législative, des hommes d'État, des conseils généraux, tout ce rouage compliqué de la machine, à quoi bon, dites-moi, quand suffit un grand prévôt avec une légion de mouchards pour filer les républicains, de gendarmes pour les empoigner, et de bourreaux pour leur couper le cou? C'est simple comme un coup de fusil ; et aussi, j'imagine, très-peu dispendieux, deux avantages qui en valent bien d'autres. Ah! monsieur Batbie, vous êtes un grand homme, et monsieur Thiers, par contre, une fière mazette. Vite un sabre d'honneur au valeureux Batbie, et à M. Thiers le bonnet d'âne !

Les séances de la législature ne sont pas toutes aussi terribles que la précédente ; mêmement, il n'est point rare que le grotesque et la bouffonnerie viennent les égayer. Parbleu! ce serait grand miracle, si dans un assemblage de cet acabit-là, ce n'était pas ainsi. Le ridicule en sort comme l'eau de la source.

Un jour, c'est Changarnier, généralissime des bonnets à poil, radotant contre un discours du grand patriote Gambetta, dans un style à lui, où l'impertinence donne la main à la bouffonnerie ; puis, voulant, à ce propos, mettre sur la sellette M. Thiers, qui décline cette agréable assiette.

Une autre fois, M. d'Audiffret, —autre bonnet à poil tout rembourré d'esprit en sa qualité de duc, vient nous dire que c'est bien osé à nous petites gens, à nous épiciers, de vouloir fourrer le nez dans la chose publique. Permis à nous d'élire des ducs pour gouverner le pays ; c'est même notre devoir ; mais de prétendre leur imposer un mandat, pour petit qu'il soit ; c'est fort mal fait à nous ; le démon de l'orgueil a pu seul nous souffler pareille outrecuidance. « La liberté la plus grande existe, l'égalité existe (c'est M. d'Audiffret qui l'affirme). Mais on ne saurait faire que les épiciers aient de l'esprit ! » Ainsi tenons-le-nous pour dit : après les princes, marquis, ducs, comtes, barons, chevaliers, et peut-être bien aussi les valets qui ramassent leurs miettes et décrottent leurs bottes, il faut tirer l'échelle, plus il n'y a que des épiciers, c'est-à-dire des bélitres, bons tout au plus à peser du sucre et de la cannelle ; Rabelais, Corneille, Pascal, Racine, Boileau, Molière, Bossuet, Lesage, Voltaire, Rousseau, Courier, etc., etc., tous des oisons bridés, nous autres tant que nous sommes, tous bêtes à manger de l'herbe ; et on nous le fera bien voir quand le Roy siégera sur le trône des Francs.

C'est qu'ils sont bien un peu fondés à parler de la sorte, savez-vous. Sous l'antique monarchie, d'agréable mémoire, les campagnards en étaient quelquefois à brouter l'herbe des champs, ainsi que nous l'affirment les mémoires d'alors. Pastorale charmante : le Roy est le berger, la noblesse les chiens, le peuple les moutons. Heureux temps et bénis, dont on nous promet le retour, je vous salue d'avance ! *O felices ter quaterque dies !!!* L'eau m'en vient au palais d'y songer seulement.

Une autre fois, c'est M. Jean Brunet, un peu toqué, mais au demeurant, bon diable, qui propose à l'Assemblée d'avoir la France *à la coque* en la vouant à la vierge folle de Paray.

Une autre fois... Mais trop abondante est la matière. D'après l'échantillon qu'on juge de la pièce.

Vous demandez comment, à cette époque, se portait

la Fusion. Eh mon Dieu ! couci-couci ; quelque chose encore clochait, un simple détail, lequel détail pas moins empêchait l'amalgame. Il n'y allait pourtant que d'un chiffon de soie, que la France voulait conserver tricolore, tandis que le roi des Goths se cramponnait à sa blancheur virginale. On espérait cependant, au moyen d'un petit micmac, tripoter la chose. Cela fait, la fusion était parachevée, et le droit divin triomphant. Alors grand jubilé sur la terre et aux cieux. Amen !

Entre-temps était mort l'homme à la cigarette, non point au champ d'honneur, mais dans les plis honteux du drapeau de Sedan. Le coup du 2 décembre et vingt ans de pillage et de corruption dignement couronnés d'une déroute immense, voilà, n'est-ce pas, un lit bien glorieux que s'est fait le neveu du vainqueur de l'Europe.

Il laissait après lui le héros de Saarbruck, un garçonnet imberbe, héritier de sa gloire et de ses prétentions, un césar en herbe, en qui, religieusement, on insufflait les *principes* de son papa (?). Pour le quart d'heure, ce n'était pas un prétendant sérieux, n'étant pas encore mûr pour les échaufourées et les coups de Jarnac. Les bonapartistes, impatients de traire la vache, disaient bien que le fils de leur maître était, d'ores et déjà, de tous points, capable de prendre en mains les rênes. Le rédacteur du *Pays* surtout, qui, dans un voyage d'outre-Manche, le fit passer, disait-il, par un examen rigoureux sur l'art de gouverner, en racontait des merveilles. Il avait découvert en lui des mines de savoir, des tas d'habileté, des trésors de sagesse, qui l'avaient ébloui ; en un mot comme en mille, il lui décernait un diplôme d'aptitude tel, que, le croyant sur parole, on aurait mandé Césarionnet par le prochain courrier, et on l'eût assis d'emblée sur le trône encore chaud de son père. S'il ne se fût agi que de tierce et de quarte, ou, mieux encore, du langage des halles, à la bonne heure ! Mais de prendre un césar des mains d'un Cassagnac, la France, Dieu merci ! n'en est pas encore là.

De façon que, pour l'heure du moins, on ne comptait

plus que deux prétendants, ou, au pis aller, deux et demi. La question se trouvait simplifiée d'autant ; et la branche majeure, doublée de sa cadette, marcherait vers le trône par un chemin sablé.

Mais la nation ? — Les épiciers, voulez-vous dire ? Eh bien, qu'ont-ils à mettre le nez céans ? C'est une affaire de famille, et en famille nous la peloterons. Nous irons aux votes, à part nous, et avec une majorité, ne serait-elle que d'une voix, sans plus, nous élèverons notre homme sur le pavois des Francs.

Hardi ! mes braves, allez de l'avant ; avec des arguments de ce calibre-là, vous ferez du chemin, ou je suis bien déçu.

D'autant plus raison avaient les monarchiens de se frotter le cuir, que chaque jour déblayait la voie et médusait les démocrates. Chaque jour envoyait des fournées de Parisiens, qui delà les mers, qui dans une forteresse, qui aux abattoirs de Satory. Cela marchait à quadruple vapeur. L'accusateur public, digne émule de Gallifet dans les massacres de Paris, de tout point méritait l'estime de ses nobles patrons. Le bon Fouquier-Tainville pas trop mal s'entendait à viser des passe-ports pour le voyage de long cours ; mais le commandant Gavreau, à cet exercice-là, non plus que lui n'était manchot.

Soit dit au passage, le commandant Gavreau, alors un tantet détraqué, est, depuis, devenu fou et fou à camisole. On le deviendrait à moins. Les buées du sang enivrent, sans doute aucun, et cette ivresse, tout comme l'autre, finit par tourner la cervelle.

De toutes ces victimes de nos fureurs civiles, il en est une surtout qui excita bien des sympathies et des regrets, un tout jeune homme, qui promettait un génie guerrier et aurait pu conduire nos armées à la victoire, dans le redressement auquel tout vrai Français aspire. Qu'est-il besoin de nommer le noble et regretté Rossel ?

Et Delescluze encore, si honnête et si pur, que la droite elle-même n'a pu lui infliger la moindre flétrissure !

Rentrons dans la Chambre, s'il vous plaît, et voyons

le Président aux prises avec la droite, qui lui garde toujours une dent venimeuse pour l'assertion que vous savez.

Non contents de le taquiner et de lui faire des niches, on voulut le priver en partie de l'arme qu'il maniait avec tant de dextérité. Le grand orateur ne pourrait prendre la parole à sa convenance ; toutes fois et quantes, dans les grandes occasions, il voudrait communiquer avec la Chambre, défense à lui de le faire sans permission formelle et sans d'abord passer par l'étamine parlementaire. Après s'être débattu longtemps, M. Thiers se laissa bâillonner. Dès cette heure, il continua de pencher à droite d'une façon alarmante. S'il crut, en ce faisant, conjurer la tempête, l'événement prouva qu'il était dans l'erreur.

Vint alors le projet de loi électorale, où il était question de tailler le suffrage dans le vif et d'en élaguer les rameaux démocratiques. Ce projet naviguait de conserve avec celui d'une Chambre haute, institution qui opère diversement suivant la constitution sociale des pays. Aux États-Unis, où la démocratie a des racines profondes, ce n'est guère qu'un article de luxe, ou, comme l'appelle Franklin, une cinquième roue à un carrosse. Dans la Grande-Bretagne, où l'aristocratie possède la plus grande partie du sol, la Chambre des lords, au moyen des instruments qu'elle a dans la Chambre basse, gouverne virtuellement le pays, malgré qu'en disent les Anglais. En France, la démocratie n'étant pas encore fermement établie, une telle institution, surtout si le suffrage était gravement atteint, étoufferait aisément les aspirations démocratiques manifestées par les représentants. Cela étant, la République ne serait et ne pourrait être qu'un simulacre, une ombre et une tromperie.

Mais, pour l'heure, cette discussion de la part des droitiers n'était que pour amuser la galerie et gagner du temps. Il fallait bien remplir les séances. Et la preuve, c'est que suite ne fut pas donnée à ce projet de loi. De vrai, la mutilation du suffrage universel leur porterait nuisance dans l'esprit du peuple, et, au mieux aller, ne les renforcerait pas sensiblement dans la Chambre d'ici à l'éclosion de l'œuf légitimiste. Le trône reconstruit, facile à eux de balayer ce qui les offusque et de faire une Chambre haute selon leur cœur.

Ce fut, j'imagine, pour M. Thiers, le plus beau jour de sa carrière politique, celui où il put annoncer à la France, qu'en vertu d'un traité supplémentaire, l'indemnité serait payée le 6 septembre, et que ce jour-là le dernier soldat tudesque nous tournerait le dos. A lui et à lui seul revenait l'honneur de cette prodigieuse opération financière. Et il ne fallait pas moins que son immense habileté, inspirée par son patriotisme, pour accomplir un aussi magnifique résultat. Nul autre dans la Chambre n'était capable de le si bien faire, et parmi la droite moins que partout ailleurs, car, de tous ces représentants du passé, pas un n'atteint à la cheville du petit bourgeois marseillais.

D'honneur ! je n'ai pour la chose bourgeoise qu'un médiocre amour, ne suis non plus, de ma nature, enclin au fétichisme, et n'ai dans les sauveurs qu'une foi bien fragile. De tous nos grands sauveurs je n'en reconnais qu'un, celui - là, Jeanne d'Arc. Mais j'estime que, hormis un sauvetage, M. Thiers ne pouvait rendre à notre pays un service plus grand. La France, je le constate avec bonheur, lui en est reconnaissante, et saisit toute occasion pour le lui témoigner. Non point la droite, qui, au lieu de lui voter des remercîments pour ce service énorme, s'en donna les gants à elle, qui ne savait un traître mot des négociations. Ah ! messieurs de la droite, en cette occasion, ainsi qu'en beaucoup d'autres, vous donnez la mesure et l'étoffe de votre patriotisme, et nous savons au juste jusqu'où il va, et ce qu'il vaut le mètre.

A leur rendre justice entière, les droitiers se montrèrent reconnaissants à leur façon. Car dès cette heure-là, M. Thiers ne fit plus que branler dans le manche, sa chute étant résolue dans les conseils de la droite. C'est que, voyez-vous, la libération du territoire étant alors à peu près accomplie, l'habile homme d'État n'était plus nécessaire; ce n'était même plus qu'un obstacle barrant à leur homme le chemin du trône. Si on ne le renversa pas d'emblée, ce ne fut que par un restant de vergogne. Mais on se tint prêt à le faire à la première aventure.

Pour ce grand coup il ne fallait non moins que le ban et l'arrière-ban réactionnaires chargeant de concert. L'illustre président républicain Grévy fut immolé, et M. Buffet, ex-petit vizir du sultan Bonaparte, mis à sa place. Ce poste et bien d'autres donnés aux bonapartistes, furent les gages d'un rapprochement complet entre les trois camps de la droite. Harpagon d'Orléans, pour le bien de la cause, voulait bien passer l'éponge sur la douloureuse confiscation que l'on sait. Spoliateurs et spoliés se donnèrent la main, et même, je crois, échangèrent entre eux le baiser du pardon. Le baiser de Judas donné en partie double!

Jamais ne s'étaient vus, entre ennemis jurés, tant de traités de paix. Et ma foi! c'était à croire, à ces signes, que le millennium approchait, et que sous peu lions et gazelles, loups et agneaux brouteraient côte à côte le gazon fleuri.

Coalisé de la sorte, le trio pouvait beaucoup, et ne tarda pas à le prouver.

Ce fut vers ce temps-là qu'un fait grave survint, la suppression du maire de Lyon.

La grande cité industrielle, ardemment républicaine, avait pour maire M. Barodet, un ardent républicain. Rien de plus rationnel et logique à la fois, dites-vous. Oh! que vous vous trompez! Ce fut précisément le motif, et le seul, de sa révocation. Où vous ne voyez qu'une garantie d'ordre et de paix, les conservateurs, eux, ne virent qu'une pierre d'achoppement ou un brandon de discorde.

M. Thiers, par malheur, trempa dans cette affaire. C'était un de ses errements de jadis, un restant du vieil homme, qu'il n'avait pu hélas! dépouiller tout à fait. De vrai, l'opération est chose non facile. Et, si vous en doutez, essayez seulement.

Les radicaux protestèrent par la parole et un fait éclatant.

Justement alors une vacance advint dans la représentation de Paris. Deux candidats se mirent en présence : M. de Rémusat, appuyé par les conservateurs, et M. Barodet, par les radicaux. M. Barodet fut élu par une écrasante majorité, qui ainsi donna raison aux vrais républicains contre les soi-disants.

Ce fut un grand récri parmi les monarchiens, qui s'armèrent de ce fait pour renverser le Président. Le 24 mai, le grand coup fut porté, et M. Thiers, à la suite d'un vote de défiance, envoya sa résignation, que la droite accepta séance tenante, et sans marchander.

Les bonnes âmes qui voient dans l'élection de Barodet la cause de cette chute, sont dans une erreur grande. Cette élection fut un prétexte, et ne fut autre chose. M. Thiers gênait les restaurateurs, et les gênait d'autant plus qu'approchait le moment de consommer leur coup. M. Thiers montant la garde, ils ne pouvaient asseoir leur homme sur le trône ; cela vous saute aux yeux. De là son renversement.

Preuve que les droitiers avaient de longue main machiné cette affaire, c'est qu'ils avaient quelqu'un là tout prêt, sous la main, et que le siége présidentiel n'eut pas le temps de se refroidir.

C'était un honorable et honoré soldat, le maréchal de Mac-Mahon, duc de Magenta. Politiquement, il ne se pouvait dire qu'il eût remplacé Thiers, et lui-même avouait qu'en fait de politique, il ne connaissait goutte, ne se doutant peut-être que c'était pour cette qualité négative que les droitiers l'avaient choisi, dans l'espoir que, la main sur la garde de son épée, il leur laisserait tripoter la France à leur façon. Du reste, il remplissait assez bien le fauteuil en dépit des dégâts de l'obus de Sedan.

Le grand patriote une fois sur le carreau, la droite respira d'aise, et se sentant les coudées franches, fit jouer le balai de ci, de là, partout. Préfets, sous-préfets, maires, gardes champêtres, fonctionnaires républicains petits et grands, furent balayés ni plus ni moins que capucins de carte et remplacés par des gaillards à poigne, chargés de concasser les ennemis de l'ordre.

Les prêtres, d'autre part, chaudement travaillaient à la vigne de Dieu, qui est également la vigne de Chambord. Des cohues de pèlerins sillonnaient le pays, et, sous leurs pas, surgissaient les prodiges drus comme champignons. La récolte jamais ne fut si abondante. Voulez-vous un miracle? Il en pousse partout. Malheureusement, ils convertissaient peu ou point du tout. La foi manquait parmi le bon peuple de France. Je me doute même qu'elle faisait faute un tantinet aux thaumaturges, du moins cette foi robuste qui, selon l'Écriture, transporte les montagnes. A telles enseignes, qu'on ne vit pas la plus petite colline déménager. Et pourtant quel moyen de conversion ! Figurez-vous un peu le Mont-Blanc, par exemple, au coup de baguette de Veuillot, quittant docilement sa base séculaire pour venir faire une gracieuse pirouette sur la pointe de l'obélisque. Qui aurait pu, dites-moi, résister à cette écrasante pièce de conviction? Du coup, Paris entier se fût converti comme un seul homme, et alors Henri V, avec panache et drapeau blancs, serait entré triomphalement dans sa bonne ville, au milieu de la population pleurant de joie, et le recevant comme un père qui rentre au sein de sa famille après une longue absence.

J'aborde la fameuse circulaire Beulé, qui tant édifia notre pieuse droite, et mérita son approbation à peu près unanime. A parler sans ambage ou euphémisme, il s'agissait ni plus ni moins d'acheter les journaux réfractaires, et de les payer rubis sur l'ongle avec l'or de la France. Braves payeurs d'impôts, versez donc vos deniers à la caisse publique, pour qu'on en fasse un si joli trafic !

M. Gambetta, soit dit à son crédit, tira de l'incident un saisissant effet, un coup de théâtre qui rendit bien camus les hommes de la droite. Il résume en deux mots la chose: « On vous accusait », dit-il, « de devenir les protégés de l'Empire, vous en devenez maintenant les plagiaires, vous allez même au-delà ! » Tudieu ! aller au-delà de l'Empire ! je meure, si je ne croyais cet exploit impossible. Mais le moyen de renier ses yeux quand on voit les droitiers les dépasser d'un bond ? Fiez-vous maintenant aux buveurs d'eau bénite.

Par ma foi ! cette droite, avec son « ordre moral » qu'elle affiche avec ostentation, me produit assez bien l'effet d'une boutique étalant à la porte une superbe enseigne. Vous entrez sur la foi de l'annonce, que voyez-vous céans ? Des étagères bien disposées, bien étiquetées, prêtes à recevoir des marchandises, mais, en fait, qu'y a-t-il ? Tout au plus quelques oripeaux du moyen-âge, d'antiques rebuts fripés, usés jusqu'à la trame. C'est la boutique de moralité de la droite ; pour tout potage il y a une pompeuse enseigne.

Puis le théâtre change, et le spectacle aussi. Mais en fin de compte, c'est toujours la droite qui inspire les acteurs et empoche le bénéfice de la représentation.

Ici l'acteur est M. Ducros, préfet du Rhône, l'hercule des gaillards à poigne. C'est pour lui laisser le champ libre qu'a été balayée la mairie de Lyon, et M. Ducros se livre à cœur-joie à des tours de force mirifiques. Trop long il serait de relater toutes les actions d'éclat qui de lui ont fait le plus crâne des préfets. Suffit de constater qu'un jour il s'avise de singer le grand monarque, et de copier l'ordonnance du 16 avril 1666, à cette différence près, que l'original a trait aux calvinistes, et la copie aux libres-penseurs.

En d'autres termes, le préfet du Rhône, en mettant des entraves arbitraires aux funérailles civiles, jette hors de la loi ses administrés libres-penseurs, tout comme Louis XIV ses sujets protestants. M. Ducros saute donc à pieds joints deux siècles en arrière ; ce qui est fort, diablement fort en gymnastique. Mais la droite régnant, on serait mal venu à s'étonner de rien.

Le 27 juillet, la Chambre se proroge jusqu'au 5 novembre. Les restaurateurs s'accordaient *campos* pour trois mois et plus (à raison de 25 francs par jour). Mais ce n'était pas trop pour mitonner l'affaire, et servir à la France, le jour de la rentrée, le Roy cuit à plaisir.

Le temps pressait, et la chose ne pouvait aboutir, sans que la fusion fût parachevée. Il ne s'agissait pas de lanterner. Résolution fut prise de bander ses forces pour le grand coup final.

Dans les premiers jours d'août, le comte de Paris se rendit à Vienne, où se trouvait son royal cousin. Et là, dans une entrevue mémorable, d'Orléans ayant, au préalable, craché sur la mémoire de son aïeul, foulé aux pieds les trois couleurs, et fait litière des traditions de sa famille, les deux cousins se jetèrent dans les bras l'un de l'autre, et fusionnèrent à qui mieux. Roulez, tambours, sonnez, trompettes ! Le grand œuvre est parfait, et des deux prétendants il n'en reste plus qu'un, le prétendant divin.

Je laisse à penser la joie qui gonfla le cœur des fusionnistes, à différents degrés, toutefois, selon la plus ou moins grande pureté de sentiment que l'on vouait au trône. Les légitimistes, qui rêvent la monarchie de Louis XIV, nageaient dans la liesse, un peu moins les orléanistes, dont l'idéal est le juste-milieu du roi de la finance. Un secret espoir, néanmoins, les faisait palpiter d'aise ; c'est que le pieux cousin, satisfait des avances de son rusé cadet, serait assez débonnaire pour lui abandonner ses droits à la couronne.

D'autre part, les partisans du plébiscite, flairant une mystification, commençaient d'allonger la face. Mais ce fut bien une autre affaire, quand les fusionnistes, démasquant leurs batteries, déclarèrent leur intention de proclamer la monarchie à la réouverture de la Chambre. Pour le coup, nos bonapartistes sautèrent de leurs gonds ; et corbleu ! il y avait de quoi, eux habitués à croquer les marrons, avaient eu cette fois la peine de les tirer du feu, et de s'y brûler les pattes, sans y pouvoir goûter. Et c'étaient les légitimistes, si innocents à leur idée, qui les avaient joués de cet indigne tour. Ils en étaient

Les républicains firent bonne contenance, croyant, non sans raison, que la partie n'était pas désespérée. C'est qu'en fait, plus apparente que réelle était la fusion. Il y avait bien, si vous voulez, amalgame de dynasties, mais en matières de principes, l'amalgame n'existait point et ne pouvait exister. Car, comment, je vous prie, loger en la même cervelle, deux aussi contradictoires notions que le droit divin et le droit des écus ?

A ce propos, j'ai souvenir d'un fait qui causa grand bruit et pas peu de perplexité chez les habitants de l'Olympe.

Bacchus s'était avisé de confectionner un merveilleux renard que nul chien au monde ne pourrait attraper, tandis que Vulcain, de son côté, avait créé un chien également prodigieux, auquel nul renard ne saurait échapper. Bacchus et Vulcain avaient usé chacun de son droit en produisant l'un son renard, l'autre son chien ; mais la question était de concilier deux choses si fort contradictoires, De là grand embarras parmi les immortels. La logique, qui dans ce temps-là, se nommait Jupiter, père des dieux et des hommes, ne vit d'issue à cette impasse que de transformer en pierre les deux animaux.

M'est avis que Droit divin et Juste-milieu ne sont non plus possibles dans un seul souverain que le renard de Bacchus et le chien de Vulcain sur la même planète. Vouloir les réunir, c'est les rendre impuissants. Mais cela se peut feindre, et là gît le danger. C'était affaire au souverain aux neuf millions de voix, de remplir, en ce cas, le rôle de Jupin, et de pétrifier ces curieux animaux, le renard d'Orléans et le chien de Chambord. Et certes il le faisait, toute louange à lui, par les menus, sans bruit et sans clameurs, mais efficacement, avec ces chiffons de papier, qui de ci, de là, partout pleuvaient dru comme grêle et vous paralysaient prétendants et féaux.

Nos fusionnistes fusionnants, chez lesquels la logique est à peu près de pair avec le bon sens, s'imaginant dès lors solidement mâtés, songèrent à donner le grand coup de collier. La chose était, pour eux, simple comme bonjour : Une majorité quelconque suffisait; une voix sans plus, et l'on bâclait l'affaire en un seul tour de main. Et, avec cette voix, on faisait d'un bond sauter la France par-delà 89, d'un coup d'éponge on effaçait un siècle, la grande révolution était comme non advenue, et l'on reprenait l'histoire de France, quelque part, dans le règne de Louis XVI. Ce n'est non plus difficile que cela, voyez-vous.

Or, pour avoir cette majorité, les cléricaux se mirent en capilotade. Une commission de neuf fut instituée, laquelle était chargée de cette manigance. C'étaient les zélés du parti, ceux-là, les faiseurs, parmi lesquels se distinguaient les deux bonnets à poil que vous connaissez bien, Changarnier et d'Audiffret. Ce fut, de nécessité, sur les centres que se portèrent surtout les efforts des faiseurs. L'éloquence fut mise en jeu, comme de raison; mais cela ne suffisant pas, on eut recours à des dissolvants plus énergiques. « Nous avons six millions, quarante préfectures, dix recettes générales, douze siéges de procureurs généraux. Avec ce capital, ce serait bien le diable, si nous n'obtenions pas vingt voix de majorité ! » Ainsi disaient les fusionnés.

Joint à cela que les fabriques de miracles étaient en plein rapport, et que les évêques, dans leurs diocèses, ordonnaient des prières pour le succès de l'entreprise. On remuait ainsi et le ciel et la terre, et l'on fourrait le ciel dans la conspiration. Miracles, prières, corruption, voilà un mélange bien hétérogène, dites-vous. Allons donc! ces trois ingrédients font un très-bon ragoût : toujours ce fut ainsi et toujours ce sera. C'était, ma foi ! ce qu'il y avait de plus réel dans la fusion. Et d'ailleurs ne savez-vous que la boutique de moralité cléricale brille surtout par l'absence de la marchandise?

Malgré tout, la droite n'était pas sûre de sa majorité. C'est qu'elle avait compté un peu trop sur l'élasticité des orléanistes, parmi lesquels d'aucuns tenaient par principe à la monarchie parlementaire. De ce que le comte de Paris avait renié ce principe à la face du monde, il ne s'ensuivait point, pensaient-ils, qu'ils dussent, eux, le renier de même. Ils ne voulaient qu'à bon escient se prononcer en faveur de Chambord. Les neuf faiseurs, à la vérité, ainsi que leurs organes, clamaient du haut des toits que le droit divin était tout disposé à faire des concessions, à octroyer toutes sortes de libertés nécessaires, liberté de publication, liberté de la parole, liberté de rassemblement et les autres ; voire, il n'était pas si amouraché de sa Fleur de lys, qu'il ne consentît à sacrifier sa virginité au coq gaulois. Mais tout cela ne portait point la royale griffe de Henri de Bourbon ; et ces quelques rares orléanistes consciencieux trouvaient un peu bien étrange que le prince se donnât un si gros démenti après s'être constamment tenu retranché dans son droit divin, et avoir juré par tout le paradis qu'il vivrait et mourrait dans les plis virginaux du drapeau de sa race.

Messieurs les Neuf n'en sonnaient pas moins l'hallali de la République, tout en comptant leurs votes et s'adjugeant la majorité.

Le conflit en était là, quand soudain apparut la lettre de M. Thiers, qui déclarait la patrie en danger et sonnait le ralliement de tous les patriotes. M. Thiers, en ce temps, était l'homme de France le plus populaire, et sa grande personnalité était bien faite pour rassurer les timides et décider ceux qui hésitaient encore. Aussi cette apparition fut-elle, pour les républicains, un rayon de soleil, pour les restaurateurs, une douche d'eau froide, qui du coup étouffa leurs clameurs de triomphe. Il fallait aviser.

Donc deux émissaires, MM. Chesnelong et Lebrun, sont dépêchés au prétendant. Pourquoi ces hommes obscurs, si ce n'est pour, au besoin, pouvoir les démentir sans dommage ? Le prince ne fut pas facile à dénicher ;

ayant déménagé sans tambour ni trompette, à dessein peut-être, pour éviter la scie d'ennuyeux partisans. Mais un prince se cache moins bien qu'une souris ; et on finit par découvrir Henri V à Saltzbourg. Après de longues heures de pourparlers, M. Chesnelong revient avec des paroles, comme toujours, d'écrit - point. *« Verba volant, scripta manent. »* C'étaient encore les libertés *nécessaires* et le drapeau plus ou moins tricolore, sur lequel, du consentement de la Chambre, on ferait pousser des fleurs de lys.

Armé d'un document rédigé par les Neuf, Pasquier tente un assaut contre le centre gauche, qui ne se laisse pas entamer d'une ligne. Le duc écume et gronde, et menace le ventre de le jeter en proie au tigre Gambetta. Rien n'y fait. Le ventre cette fois se conduisit en brave.

Nouvelle tentative auprès du prétendant, auquel on demande une réponse catégorique et par écrit. Cette fois elle arrive. Mais, ô triple guignon ! elle dit au rebours de ce qu'il faudrait dire pour avoir gain de cause. Dans cette curieuse missive, datée du moyen-âge, et farcie de notions passablement gothiques, le comte Dieudonné déclare nettement onques n'avoir voulu, onques ne vouloir faire la moindre concession, soit en fait de principe ou en fait de drapeau. Cette fois-là, du moins, il ne nous baillait point le lièvre par l'oreille. Une chose certaine, c'est qu'il y avait là, quelque part, une bourde. Mais où ? *« That is the question. »* Que les dieux me préservent de tant soit peu douter des paroles du comte ! Nous savons par expérience que les prétendants ne mentent point et ne sauraient mentir. Mais ses féaux, Dieu merci ! s'en donnaient à gogo de la plume et du bec ; et le comte les a laissés craquer jusqu'au dernier moment.

Le plus clair de l'affaire, c'est que la France, longtemps menacée du plus absurde règne et du plus sanglant qu'elle aurait eu depuis « 89 », respirait d'aise. Non point les songe-creux, qui, de ce coup, voyaient les splendides châteaux qu'ils s'étaient à grands frais élevés

en Espagne, se dissoudre en vapeur, ainsi qu'un rêve
d'or au sursaut du songeur.

> Perrette, là-dessus, saute aussi transportée ;
> Le lait tombe ; adieu veau, vache, cochon, couvée.

La droite avait aussi sauté un peu trop tôt.

Les plus pantois en cette aventure étaient sans con-
teste les neuf faiseurs de manigances. Regardez-moi
un peu la commission, lorsque M. de Chesnelong, dé-
ployant la royale missive, se met à en lire à haute voix
le contenu. Voyez-vous leur consternation, à mesure que
le lecteur avance. Ils sont là, par ma foi ! tels que des
hommes qui sentent le terrain s'ébouler sous leurs pieds ;
sans rien à leur portée à quoi se retenir. Et eux qui se
sont tant avancés, qui ont promis tant de libertés nécessaires et le drapeau tricolore, flottant sur tout cela. Et
le prince leur donne un formel désaveu ! Mentir est peu
de chose, mais être démenti, et cela par un homme
auquel il faut encore tirer sa révérence, c'est là, en
vérité, trop d'humiliation.

Terminée la lecture, deux hommes d'Orléans, prenant
la balle au bond, se hasardent à dire qu'à défaut de
Chambord, son gracieux cousin, le comte de Paris, est là
prêt à se laisser faire autant que l'on voudra. Mais ceux
du droit divin sont sourds de cette oreille, et leur mon-
trent les griffes. Décidément, Raton ne veut pas que
Bertrand lui croque les marrons qu'il a tirés du feu.

Les Neuf là-dessus s'en vont à leurs affaires.

L'un d'eux, rencontrant sur le seuil le correspondant
du « *Daily Telegraph* », lui dit piteusement :

« Eh bien ! mon cher monsieur, voilà cinq mois que
nous trimons à cette besogne, et aujourd'hui nous ne
sommes pas plus avancés que le premier jour ; cette
lettre du comte coupe pied à toutes nos espérances. Quel
malheur ! »

Oui, faisons chorus avec ce digne homme : « Quel
malheur ! quel malheur ! » La France, qu'ils ont, durant
des mois, tenue là sur les dents, c'est, au pis, un détail

sans importance aucune. Mais, en toute conscience, il faut avoir des entrailles de crocodile pour ne se point apitoyer sur des gens qui éprouvent un fiasco pareil. Être si près du but, et baiser le babouin! Pécaïre!

O pauvre chère drôle, ô perruque, ma mie!
N'as-tu donc tant vécu que pour cette infamie!

www.ingramcontent.com/pod-product-compliance
Lightning Source LLC
Chambersburg PA
CBHW051329060726
47596CB00004B/1537